LA LIBERTÉ

PAR

LA MONARCHIE

SAINT-GERMAIN. — IMP. L. TOINON.

PREMIÈRE LETTRE

LA LIBERTÉ

PAR

LA MONARCHIE

PAR

F DELBREIL

Rédacteur-Fondateur de l'*Echo Français*.

PARIS

CHEZ M. POUSSIELGUE, LIBRAIRE

RUE CASSETTE, 27

VERSAILLES

AU BUREAU DE L'*ÉCHO FRANCAIS*

RUE DES RÉSERVOIRS, 2

—

1871

LA LIBERTÉ

PAR

LA MONARCHIE

PREMIÈRE LETTRE

La vérité vous donnera la liberté.

Messieurs,

Quelquefois en désaccord sur la nature de votre mandat, tous les hommes d'ordre reconnaissent pourtant unanimement que vous êtes souverains.

Le procédé le plus vil et le plus dangereux, vis-à-vis des souverains, c'est de les flatter.

N'attendez de nous que de la franchise. Ce sera le meilleur et le plus utile hommage de notre respect.

On a dit, en toute vérité, de l'Assemblée de 1871 : c'est une réunion d'honnêtes gens.

Dans la vie privée, l'honnêteté est tout.

Dans la vie publique, la capacité et le caractère sont deux conditions indispensables pour faire le bien.

L'honnêteté, la vertu, la religion sont des titres à la confiance ; mais ils ne suffisent pas.

Comme cette assertion pourrait choquer certains esprits faibles, nous voulons l'étayer par d'irrécusables autorités.

Saint Louis avait dans ses armées bon nombre de seigneurs dont il ne pouvait empêcher les désordres. Tout en les condamnant, il employait leurs talents.

Un esprit consciencieux et éclairé donnait ce conseil au Dauphin, fils de Louis XV : « Un prince ne doit jamais envisager que le bien de l'État, quand il s'agit de nommer à ces grandes places dont les fonctions contribuent nécessairement à sa prospérité ou à sa ruine, suivant qu'elles sont bien ou mal remplies. *Qu'il tâche de trouver, s'il est possible, des gens qui réunissent les grands talents et les grandes vertus*; mais s'il ne lui est pas possible d'en trouver, qu'il donne toujours la préférence au plus habile, *quand même il ne serait pas le plus vertueux.* » (*Sur la connaissance des hommes*, par le P. Griffet.)

Messieurs les Représentants, vous êtes tous honnêtes, vous avez tous de bonnes intentions. Mais les langues de feu du génie ne brillent pas sur toutes vos têtes, avec un égal éclat.

Ne perdez pas courage. Ce qui serait un vice irréparable chez un homme placé au-dessous de sa mission, peut devenir, au besoin, une ressource dans un corps collectif, animé d'un esprit de sagesse comme le vôtre.

Vous êtes presqu'une armée! Vous formez au moins un bataillon, par votre nombre, ce nombre qui est loin d'être votre force.

Troupe parlementaire, vous devez avoir, comme toute troupe, une organisation et une discipline. Si vous continuez à laisser régner l'anarchie, parmi vous, vous resterez impuissants, et si vous ne faites pas le mal, vous le laisserez faire.

Les préjugés du siècle vous parlent d'égalité. Cette chimère n'est pas plus vraie dans un parlement que dans un régiment. Dans l'un comme dans l'autre, il faut des soldats, des officiers, des généraux.

Dans l'un comme dans l'autre, il faut de la discipline.

Jusqu'à ce jour, cette organisation, cette discipline vous ont manqué.

Aussi un ministre a-t-il pu vous parler avec une malicieuse ironie de votre *oisiveté parlementaire*.

Si la France s'habituait, en vous regardant, à trouver juste un pareil reproche, votre législature n'aurait pas une belle page dans notre histoire.

A l'heure présente, votre œuvre com-mence.

Ce qui a été fait jusqu'à ce jour, vous a été imposé par une inexorable néces-sité.

Vous avez ratifié la paix !

Vous n'aviez pas fait la guerre ; c'est M. Jules Favre et M. Thiers qui ont fait la paix !

Laissez tant aux auteurs de la guerre qu'aux négociateurs de la paix une res-ponsabilité qui leur appartient.

Un de vous, l'honorable M. Depeyre, a eu bien raison, au jour fatal de la ratifica-tion, de rejeter ce fardeau sur les épaules de ceux qui l'ont voulu.

Une formidable insurrection s'est dres-sée devant vous.

Elle est vaincue !

Là aussi il y a d'immenses responsabi-lités à répartir.

Debout sur ces ruines, regardez encore plus l'avenir que le passé.

Il y a de grands coupables connus; de plus grands coupables inconnus peut-être.

Dans ces recherches, dans ce triage, dans ces jugements, le devoir est surtout à la justice et à l'histoire. Attendons tous impassibles et confiants.

L'année qui vient de s'écouler est une de ces périodes mystérieuses, où la liberté humaine est voilée sous le chaos. Jamais ce mot : « l'homme s'agite et Dieu le mène, » ne fut plus manifestement vérifié. — Les hommes ont été des instruments. Comme les bourreaux du Christ, ils n'ont pas su ce qu'ils faisaient.

A une société coupable, corrompue, amollie, sceptique, insouciante de toute vérité et de tout devoir, il fallait une tempête régénératrice !

L'orage a passé, avec son tonnerre et ses éclairs.

Le siècle a été jugé par le feu, comme il est écrit.

L'épreuve est-elle finie ?...

Les flammèches de l'incendie vont-elles rallumer d'autres foyers aussi bien préparés que pouvait l'être Paris ?...

Nous ne savons !

Mais enfin un calme relatif va régner dans le milieu où peut s'étendre votre action, et nul ne comprendrait, ni en France, ni en Europe, la prolongation de cette *oisiveté parlementaire* qui a pu avoir sa raison d'être, mais qui désormais n'aurait plus d'excuse.

A l'œuvre donc, Représentants de la France !

La nation vous regarde et l'Europe se prépare.

La France vous regarde et souffre ! Elle est épuisée ; ses plaies saignent. Des palliatifs ne la relèveront pas. Il faut des remèdes héroïques.

L'Europe se prépare.

Bien coupable, elle aussi, elle a laissé fouler et déchirer tous les traités. — Le droit international, la justice, entre les peuples, ont disparu !

Il y a un satisfait, un repu, un glouton qui voudrait bien digérer à son aise, en attendant l'heure propice à de nouveaux festins !

Mais le monstre lui-même n'a la paix que sur les parchemins de Francfort ; et il sent bien que les signatures de M. Thiers et de M. Jules Favre, sont de pauvres garanties contre les revendications toujours, possibles, au profit du droit méconnu.

Vous le savez bien, l'Europe se prépare ; cela vous vient de partout. Et les indices de ces apprêts ne seraient-ils pas apparents, que cette préparation vers l'inconnu serait encore évidente, parce qu'elle est nécessaire.

Les nations sont troublées, déconcertées, inquiètes. Elles ont peur, peur d'elles-mêmes, peur de leurs voisines !

Les petits États n'ont d'autre droit protecteur que le bon plaisir et la tolérance.

Les grands États se sont humiliés dans une neutralité qu'ils ne croyaient d'abord qu'égoïste et qui est devenue périlleuse.

Chez eux aussi il y a des matières inflammables accumulées, et les génies malfaisants qui ont été chassés de Paris, ne se tiennent pas satisfaits d'une seule capitale livrée à l'assassinat, au pillage et à l'incendie.

Enfin, la loi d'expiation, qui a si cruellement atteint la France, plane au-dessus des autres nations criminelles, et les vautours sont prêts à s'abattre là où les attirera la plus forte odeur de corruption.

La Prusse a été la verge employée à frapper la France égarée.

Les bourreaux ont pris goût à leur œuvre sanglante. Non contents de corriger la victime livrée à leurs mains vengeresses, ils ont, comme les auteurs des fusillades de Paris, aperçu des diamants, des bijoux aux mains des suppliciés, et après les avoir frappés, ils les ont dépouillés, ils les ont volés. Eux aussi, pour cacher leurs méfaits sous la cendre, ils ont pris la torche et le pinceau à pétrole; ils ont incendié savamment, méthodiquement, avec une froide discipline, par ordre ! — Il faut le dire, à l'éternelle honte de l'Allemagne, les incendiaires de Paris ont été au moins les disciples de M. de Bismark, s'il n'est pas encore assez démontré qu'ils aient été ses agents. — L'histoire instruira cet infernal procès !

Instrument de la justice divine, fléau de Dieu, comme Attila, l'Allemand a eu son salaire. Il a triomphé !

En débiteur exact et généreux, Dieu commence toujours par payer ceux qu'il emploie.

Puis il demande compte, et si au lieu de travailler pour lui, le mandataire de ses arrêts s'est enivré d'orgueil, s'il a méconnu à son tour les saintes lois de la justice et de la modération, les destins changent, et l'histoire nous montre bien souvent le victorieux de la veille, vaincu du lendemain, uniquement parce qu'au lieu d'être sage dans son triomphe, il a été cruel et implacable !

Nos conseils de guerre sont en train de punir les pillards et les incendiaires de Paris. Les conseils vengeurs de la Providence, seuls chargés du jugement des crimes internationaux, ne laisseront pas sans châtiment les barbares inventeurs de l'incendie au pétrole ! ! !

La civilisation européenne a rompu son équilibre moral et politique, et avant de se rasseoir dans une paix durable, il y a bien des actes de justice, bien des réparations à faire.

Les grands événements qui peuvent remettre les choses à leur place, c'est-à-dire dans le droit, ces événements sont manifestement proches, et la France a intérêt à ce qu'ils ne soient pas trop éloignés.

Ce serait donc une illusion de croire que nous allons tranquillement soigner nos blessures, et jouir d'un repos dont nous avons assurément besoin, mais qui n'est pas à espérer à l'heure présente.

Étant donné cet état de dislocation et de souffrance, à l'intérieur, et d'incertitude menaçante, au dehors, souverains collectifs et momentanés de la France, descendez dans vos consciences, interrogez-vous les uns les autres, consultez parmi vous les hommes de lumière et d'expérience, ne dédaignez pas non plus les avertissements du dehors, et surtout armez-vous de résolution.

L'honnêteté, la capacité, sont nécessaires à l'homme public ; mais ce qui le fait tout entier, c'est le caractère !

La modestie, l'abnégation, la réserve, l'effacement sont d'admirables et fécondes vertus privées. L'homme public n'est pas à lui ; il est revêtu de l'armure d'une fonction ; comme tel il doit être impassible et ferme. Il doit chercher le devoir ; mais le devoir connu, il doit le remplir envers et contre tous. L'homme public doit-être un homme de caractère, un homme sachant ce qu'il veut et le faisant.

Le caractère repose sur les convictions de l'esprit et l'ardeur de l'âme.

Messieurs les Représentants, ayez des convictions !

S'il en est parmi vous qui n'en aient pas,

ils ne sont bons à rien; qu'ils s'en aillent! Leur indécision est une trahison permanente de leur devoir.

Pour faire ce qu'on doit, il faut commencer par le savoir.

Les charges politiques sont trop souvent recherchées par des hommes qui n'ont pas la première notion des règles de conduite prescrites à cette profession, tant enviée.

Tous les ambitieux s'y croient appelés; elle est pourtant la plus difficile de toutes, puisque la vie politique comprend la sollicitude de toutes les autres carrières.

Malesherbes disait de son temps : « Je sais que nous vivons dans un siècle et dans un pays où l'on fait un crime de s'instruire et de s'intéresser au bien public, à tous autres qu'à ceux qui ont un brevet pour cela. *C'est ce qui fait que ceux qui arrivent dans les grandes places, ne savent communément rien, et n'ont plus le temps de rien apprendre.* »

Aujourd'hui, comme alors et plus peut-être, *chez ceux qui arrivent aux grandes places,* un fonds de connaissances, de doctrines, point d'appui des convictions, est une richesse bien rare. Que de pauvres, que d'indigents autour de nous !

Nous sommes une nation de pauvres, en doctrines, un peuple d'ignorants et de sceptiques, et nous voulons être pourtant tous des hommes politiques.

Un homme politique doit avoir ses convictions acquises.

Cette provision de principes arrêtés étant en possession de son esprit, il les appliquera suivant la marche des événements ; ce sera son flambeau.

La chaleur de son âme se maintiendra alors à la hauteur de ce dépôt sacré ! et au moment opportun, sa volonté sera ferme et inflexible ; son dévouement, ayant un aliment certain, sera incapable d'hésitation.

Assurément, en demandant à chacun, des convictions, nous sommes loin d'espérer que tous puissent avoir les mêmes, et nous sommes prêts à témoigner du plus profond respect pour toutes celles qui sont honnêtes et sincères.

Ce qui reste seul méprisable et odieux, c'est l'absence de convictions, de principes, de doctrines.

La politique a une partie variable, subordonnée aux faits, aux fluctuations de l'esprit public. Mais tout ne saurait varier, changer, se modifier. A toute science, il faut des axiomes, des bases, des principes. Et la politique est à la fois la science et l'art de conduire les hommes et les nations.

Depuis le commencement de nos révolutions deux symboles se dégagent de toutes nos luttes, de tous nos débats, de toutes nos guerres, bruyantes et sanglantes, et à ce moment, on peut affirmer que ces deux symboles sont les seuls entre lesquels se prononcera l'avenir, un prochain avenir :

La Monarchie

Et la République.

Qu'on ne dise pas que ces deux mots ne sont que l'expression de pures formes gouvernementales, et qu'on peut rester indifférent vis-à-vis des deux.

Nous ne saurions protester avec assez de force contre cette fatale erreur.

L'indifférence, en matière de doctrine politique, est inexcusable, tout comme l'indifférence en matière religieuse.

Ces deux indifférences sont la plaie de notre temps. Elles sont la cause de nos malheurs, et permettent à tous les ambitieux de se poser, tour à tour, comme étant en possession de l'opinion publique, ce qui les autorise à toutes les usurpations.

L'heure est venue de rompre avec cette

indifference uneste. Chacun doit opter pour un symbole ou pour l'autre.

Il ne reste plus au pays assez de force, assez de ressources pour supporter des expérimentations continues, déguisées sous des *provisoires* dont on ne voit pas la fin.

Pour nous, les réflexions de toute notre vie, tous les spectacles qui se sont succédé sous nos yeux, nous ont raffermi dans les croyances monarchiques. C'est là notre foi et notre espérance, et la France les partage, nous le croyons.

Toutes les fois que le pays a été interrogé, la foi monarchique s'est dégagée de ses votes. Ce qui a été affirmé avec plus de force encore, c'est une sorte d'horreur, de frayeur instinctives de la République.

Non, la France n'est pas républicaine.

Toutes les épreuves qui ont été faites de cette forme de gouvernement nous ont conduits à des malheurs, à des collisions sanglantes, à des ruines.

Pourquoi?

Parce que, dans les idées françaises, la République équivaut à la négation de tout gouvernement.

A son apparition, les honnêtes gens tremblent et les méchants s'arment d'audace.

Et alors la liberté est sacrifiée, d'une

façon d'autant plus absolue que la République s'accentue davantage.

La dernière expression de la République, la Commune, a été la destruction radicale de toute liberté.

Nous prions les hommes de bonne foi qui partagent l'erreur républicaine de ne pas s'indigner de ce rapprochement. — Il n'est pas applicable à leurs intentions ; il l'est en toute vérité à leurs principes.

Quelques réflexions vont le démontrer.

La doctrine républicaine repose tout entière sur la souveraineté du peuple.

Ce principe est une fiction.

Théorie subversive du principe d'autorité, jetée d'abord dans les écrits de la réforme et formulée plus savamment dans les enseignements philosophiques du xviiie siècle, la souveraineté du peuple n'est pas une vérité pratique.

Toutes les fois qu'une révolution s'opère, au nom de la souveraineté du peuple, c'est toujours une minorité audacieuse et usurpatrice qui l'accomplit. Il n'y a pas à choisir, dans l'histoire ; cela est ainsi toujours.

Cela est, et il ne peut en être autrement.

Le peuple se compose de citoyens, de

science, de capacité, de positions inégales. L'immense majorité n'a aucune notion politique et n'a pas le loisir ni les moyens d'en acquérir.

Or, comment cette multitude, que M. Thiers traitait autrefois de *vile*, qui est en effet souvent *avilie*, mais qui alors même qu'elle garde la noblesse des sentiments, reste toujours ignorante des choses si difficiles de la politique, comment cette multitude fera-t-elle jamais acte de souveraineté ? — Un acte de souveraineté ne se comprend qu'avec la possibilité de choisir, de distinguer, d'opter, pour ceci ou pour cela.

La souveraineté du peuple, c'est le drapeau menteur des ambitieux qui promettent son bonheur et ne cherchent que leurs propres avantages.

Le droit du peuple, ce n'est pas de gouverner, c'est d'être bien gouverné ! — Voilà son droit, et son droit inaliénable !

Et le premier devoir d'un bon gouvernement, c'est la protection des libertés de tous.

La liberté et la souveraineté sont choses essentiellement distinctes.

Chaque citoyen, chaque famille, chaque

agglomération de famille, ont droit à leur liberté, liberté du corps, liberté de l'âme, liberté des relations, liberté des actions honnêtes. Toutes ces libertés sont nécessaires, légitimes, inviolables.

La charge du gouvernement est de les faire respecter toutes et naturellement de commencer par les respecter lui-même.

Or pour atteindre ce but, pour protéger les libertés de chacun, il lui faut une organisation gouvernementale, comme dans une industrie il faut une organisation économique et hiérarchique, permettant de la faire marcher.

Cette organisation ne peut se faire que moyennant des sacrifices, des retranchements, opérés sur les libertés individuelles et collectives.

Le gouvernement a besoin de services,

Administratifs,

Judiciaires,

Militaires.

Tous ces services réclament l'impôt du sang et l'impôt de l'argent.

La liberté individuelle, la liberté de la propriété ont à supporter ces sacrifices, exigés par l'intérêt général.

La liberté politique consiste à les consentir, pour de bonnes raisons, et dans la seule mesure où ils sont nécessaires ; ce qui implique le vote des subsides et des contingents militaires, et le contrôle de l'emploi fait par le gouvernement de ces subsides et de ces contingents.

Ces libertés sont traditionnelles en France, et un examen sérieux de notre histoire établirait qu'elles ne sont pas mieux respectées que dans le passé, depuis que la théorie de la souveraineté du peuple a remplacé la stabilité gouvernementale, la Monarchie.

Cessez donc, hommes de la politique, maniant les affaires, aspirant à les manier, ou simplement discoureurs qui cherchez à endoctriner le pauvre peuple pour vous faire de ses applaudissements un moyen d'arriver à vos fins, cessez de confondre la souveraineté publique avec toutes nos libertés.

Nos libertés, nous les voulons, pour nous et pour vous. C'est notre bien, et le gouvernement quel qu'il soit n'a qu'un devoir, c'est de les maintenir dans leur inviolabilité.

Or le gouvernement qui sera le mieux en mesure de respecter et de faire respecter ces libertés, c'est celui qui sera le plus stable, le plus incontesté, le moins sujet à des modifications et à des bouleversements.

Celui-là, c'est la monarchie.

Ce que nous venons de dire établit la différence profonde qui existe entre la Monarchie, la Monarchie chrétienne et française, et le despotisme. — Le spotisme. comme l'a dit madame de Staël, est en France une nouveauté; il est le fruit de nos révolutions, de nos bouleversements, de nos erreurs, et de la compression que ces révolutions, ces bouleversements, ces erreurs ont autorisée.

Nos despotes, ce sont les ambitieux qui courent à la conquête du pouvoir, les uns sur les autres, et au grand détriment du peuple qui supporte les coups qu'ils se donnent sur son dos, dos meurtri, blessé, sanglant, et surtout chargé outre mesure, comme un pauvre manant taillable et corvéable à merci !

Supprimons ces perpétuelles compétitions du pouvoir dans lesquelles le bonheur du peuple n'est qu'un prétexte, et alors, nous renfermant, les individus, les familles, les agglomérations légitimes, dans la jouissance de nos droits et de nos libertés, à la seule condition de remplir nos devoirs légaux, nous aurons la paix intérieure, la prospérité, le bonheur que donne le travail, dans toutes ses branches et dans tous ses aspects.

Maintenir la République, c'est-à-dire l'instabilité continuelle du gouvernement, avoir un gouvernement vivant au jour le jour, tenant par cela même en ébullition toutes les prétentions, c'est vouloir maintenir la France dans les abîmes où elle est plongée, lui ôter tout espoir d'en sortir.

Le gouvernement d'un peuple, c'est sa tête.

N'est-il pas absurde de songer à ajourner ce qui touche à la tête, et de prétendre ne s'en occuper que lorsque tout le surplus du corps sera organisé.

Un esprit ingénieux et subtil a pu émettre, devant une Assemblée encore inexpérimentée, qui ne se connaissait pas encore elle-même, cette distinction captieuse de l'*organisation* et de la *constitution*; mais cette thèse ne résiste pas au sens commun.

Un gouvernement nous est-il nécessaire?

Nul ne le conteste.

Le meilleur ne sera-t-il pas celui qui sera le plus fort et le plus stable?

C'est en France l'avis du plus grand nombre.

Quelle raison peut-il donc y avoir de retarder à mettre sur pied ce gouvernement?

Le faire, le faire sans délai, est la mission, le devoir, le mandat de l'Assemblée.

La Monarchie se présentait à la France, jusqu'à ce jour, sous trois drapeaux :

Le bonapartisme !

L'Assemblée a proclamé la déchéance de Napoléon III.

Ce prince s'était attribué un pouvoir responsable. Il s'est emparé de la France, par un crime, le coup d'État. Il l'a laissée par un autre crime, une guerre folle, et la capitulation de Sedan. — Napoléon, chef d'armée, empereur, souverain militaire, est soumis aux lois militaires, comme tout autre général. Ces lois, on les invoquait naguère à la Chambre contre des commandants de places fortes. — Napoléon ne peut, légalement, rentrer en France, que pour passer devant un conseil de guerre, pour purger la responsabilité, placée par lui-même, dans l'organisation de son pouvoir, et résultant surtout de la tradition de la France à l'ennemi.

L'orléanisme !

Cet autre drapeau monarchique a disparu.

La nation n'a plus en face d'elle que la vieille Maison de France, ayant pour chef

M. le comte de Chambord, reconnu par tous les princes de cette antique famille, honneur et ressource de la patrie.

La Monarchie légitime !

Ce n'est plus une troisième forme monarchique. C'est la Monarchie, une, indivise, la vieille Monarchie française !

On nous parle de Constitution à faire, de pouvoir constituant, d'élections d'une Constituante.

Tous ces mots creux sont le dernier cri du verbiage philosophique et révolutionnaire.

Une nation ne vit pas quatorze siècles sans avoir en elle des conditions d'existence et de vitalité autrement sérieuses que ces carrés de papier, comme ceux, déjà bien nombreux, qu'on s'est habitué à écrire de temps en temps, pour les déchirer ensuite, sous le nom de Constitutions ou de Chartes.

En écrivant tout à l'heure le mot d'indifférence en matière de religion, nous nous souvenions d'un écrivain, d'un penseur, qui fut la gloire de la littérature française et l'honneur de l'Eglise, avant d'en être la désolation.

Dans son *Essai sur l'Indifférence*, Lamennais écrivait ces lignes, aussi vraies aujourd'hui qu'elles l'étaient au moment où elles sortaient de sa plume : « Il existait, iY a trente ans, une nation gouvernée par une race antique de rois, d'après *une Constitution la plus parfaite qui fut jamais*, et selon des lois qu'on aurait pu croire, à plus juste titre que celles des anciens Romains, descendues du ciel, tant elles étaient sages, pures, bienfaisantes et favorables à l'humanité. Cette nation, célèbre par sa franchise, sa douceur, ses lumières, par son amour pour ses souverains, et par la religion à qui elle devait quatorze siècles de gloire et de bonheur, florissait en paix, au milieu de l'Europe dont elle excitait l'envie et dont elle faisait l'ornement, par la beauté de sa législation, par la noble politesse de ses mœurs et par les éclatants chefs-d'œuvre de tout genre. Heureuse au dedans, respectée au dehors, sa renommée, partout répandue, lui attirait les hommages des plus lointaines contrées, et l'univers admirait en elle la reine de la civilisation. »

Vous le voyez, la nation française est constituée !

Vous qui avez l'honneur de la représenter aujourd'hui, vous n'avez pas à faire sa constitution, vous avez à la reconnaître, à la proclamer.

Dans cette même ville de Versailles, où vous vous trouvez réunis, vos prédécesseurs de 1789, ayant reçu leur mandat de six millions de Français, non-seulement appelés à voter, comme cela se passe aujourd'hui, mais à formuler leur sentiment sur les affaires publiques, reconnaissaient et proclamaient ces points capitaux de la Constitution française :

Le gouvernement de la France est un gouvernement monarchique, transmissible par voie d'hérédité.

Le Roi est dépositaire du pouvoir exécutif ; les agents de l'autorité sont seuls responsables.

La royauté et les libertés nationales sont inviolables et sacrées.

Il en est de même de la propriété.

La nation fait la loi, avec la sanction du Roi.

Le consentement national est nécessaire à l'emprunt et à l'impôt.

Où trouver de meilleures bases à un gouvernement réellement libéral ?

Cette adhésion une fois faite au symbole monarchique et national, le pays, par ses représentants, librement élus, fera sortir toutes les conséquences pratiques de notre émancipation politique.

Toutes ces lois restrictives que des Assemblées trop dociles envers le pouvoir ou les dictatures qui se sont succédé, ont accumulées par milliers dans nos codes, disparaîtront et feront place à la libre administration des provinces et des communes et à l'épanouissement complet de toutes les libertés individuelles légitimes.

Voilà l'horizon majestueux et serein que nous permet d'entrevoir une restauration monarchique.

La France alors, cessant d'être un peuple turbulent, un danger continuel pour l'ordre européen, reprendra sa place dans le concert des nations, qui se régénéreront, à son exemple et sous son influence.

Notre crédit moral et financier renaîtra.

Retrouvant tout notre ascendant d'autrefois, nous pourrons obtenir la restitution de nos frontières et rétablir dans son intégrité la famille française, douloureusement divisée.

En dehors de ces perspectives qu'il dépend de vous de faire passer, en une heure, de l'état de vision à une heureuse réalité, nous ne pouvons compter que sur une succession de mesures répressives et réactionnaires qu'un gouvernement éphémère sera contraint de prendre, en suivant les routines révolutionnaires des gouvernements précédents, condamnés à osciller sans cesse entre l'anarchie et la tyrannie.

Vous serez entraînés, malgré vous, à vous associer à ces mesures. — Les impressions de la terreur d'où nous sortons les excuseront un moment devant le public; mais lorsque le calme renaîtra, on ne manquera pas de maudire les rigueurs qui resteront, jusqu'à de nouvelles secousses. Les lois d'exception sont comme les impôts. Une fois établies elles demeurent, jusqu'à ce qu'un orage politique ramène de nouveau la licence, en brisant la légalité.

Nous qui avons l'expérience de tous ces retours, depuis quarante ans, nous avons vu les auteurs de bien des lois se récrier plus tard contre leurs sévérités. Le gouvernement du jour ne manquait pas de dire à ces nouveaux convertis de la liberté : *Patere legem quam ipse fecisti*; restez dans les entraves que vous avez vous-mêmes préparées contre nous.

Quelle autorité peuvent conserver, sur les populations, ces politiques à palinodies, toujours prêts à adorer ce qu'ils ont brûlé et à brûler ce qu'ils ont adoré?

Si nous voulons être forts, respectés, obéis, restons fidèles à nos convictions. Ne sacrifions ni l'autorité à la liberté, ni la liberté à l'autorité. Sachons les maintenir unies entre elles, se soutenant mutuellement, suivant le vieux mot de Tacite : .... *Res olim dissociabiles miscuerit principatum ac libertatem...*

Les aspirations que nous formulons sont autorisées par des précédents auxquels aujourd'hui tous les partis rendent volontiers hommage.

Après 93 et le despotisme impérial, couronné comme aujourd'hui par l'invasion étrangère, la Restauration sut rendre à la France une vraie liberté, toute son autorité en Europe, et la prospérité de ses finances.

Nos malheurs sont grands assurément, et peut-être de nouveaux périls nous attendent encore, comme nous en avons exprimé l'appréhension.

Recourons résolûment aux moyens qui nous ont réussi autrefois.

Au lieu de voir briser une à une toutes nos libertés, par une réaction imminente, assurons-nous la pleine et inviolable possession de nos libertés, par la force protectrice de la Monarchie, notre refuge, après les jours calamiteux.

Votre patriotisme peut faire cela, Députés de la France. La nation rassurée et reprenant ses labeurs féconds vous bénira, et l'Europe, en nous voyant rentrés dans l'ordre, saura qu'elle a à compter avec nous, malgré notre abaissement d'un jour et nos malheurs, courageusement supportés.

Si telles n'étaient pas vos dispositions, pour ce grand acte de régénération nationale, nul ne comprendrait que vous abaissiez les barrières de l'exil devant de nobles princes qui ont promis de ne pas se séparer de leur chef. La Maison de France doit être désormais comme la robe sans couture ; on peut la tirer au sort, mais non la déchirer. Ses destinées et sa gloire sont indivisibles comme celles de la patrie.

L'union de la Maison de France est le gage de l'union des Français.

La parole de l'Évangile qui annonce le comble de la désolation, pour la maison divisée, cette malédiction a frappé la France jusqu'à la réduire au lamentable état où nous la voyons aujourd'hui.

Tout est réparable dans un pays qui n'a pas rejeté les germes cachés, mais toujours vivaces, de sa résurrection.

Ces germes sont la foi en Dieu, la foi en soi-même, le patriotisme.

L'héritier de nos Rois a eu le courage de braver les dédains de l'incrédulité et de rappeler à la France ses devoirs envers Dieu et envers l'Église.

Au lendemain du jour où se faisait entendre cette royale parole, vous aussi, revenant sur un oubli regrettable, vous avez invoqué le secours de Celui qui tient dans ses mains les individus et les peuples.

Les princes d'Orléans, apportant leur part de force dans la fusion monarchique et nationale, viennent à nous, avec les souvenirs de leur bravoure et de leurs services militaires et maritimes.

Notre armée, humiliée par des défaites auxquelles son glorieux passé l'a rendue plus sensible, va retrouver des compagnons d'armes prêts à partager ses périls et à la reconduire à la victoire, le jour où les revanches seront possibles.

La grande nation, retrouvant son Roi et ses princes, reprenant le cours de ses destinées naturelles, aura une force et une valeur que ne saurait lui rendre un gouvernement de passage, tout honteux de son nom qui n'est ni la république ni la monarchie.

Quelque habile que soit le chef de ce

gouvernement anonyme, quelque bonnes que soient ses intentions, ce régime au jour le jour ne serait jamais qu'un expédient, une halte, un tronc d'arbre perdu dans le désert et au pied duquel on s'arrête pendant l'orage, en attendant de reprendre son voyage, et qui n'abrite ni contre les vents ni contre la grêle.

Inspirez-vous, Messieurs, de notre caractère national, prompt, alerte, décidé.

Une question posée doit être résolue.

Celle de la Monarchie et de la République est pendante depuis plusieurs mois.

N'écoutez plus les conseils perfides d'une prudence qui n'est que de l'impuissance, si elle est sincère, qui serait de la trahison, si elle était calculée.

Mesurez le grand honneur qui vous reviendra de votre résolution, si elle est énergique et à la hauteur des circonstances.

Tous les changements de gouvernement qui se succèdent, depuis longtemps, sont violents, illégaux, souillés dans leur origine.

Nous allions dire, nous laissant entraîner à un langage vicieux, qu'il vous incombait à vous, munis des pleins pouvoirs de la France, de faire une révolution pacifique.

Mais, prenons garde, ceci n'est pas une révolution; c'est le contraire; c'est la fin de la révolution.

Vos prédécesseurs de 1789, déchirant le mandat de leurs électeurs, à Versailles où vous êtes, ont ouvert l'ère fatale de cette révolution.

Reprenant dans vos mains la volonté nationale, léguée par les siècles, et rajeunie par l'élection qui a institué votre Assemblée, vous élevez cette volonté, à la face du pays et de l'Europe, comme le drapeau du salut et de la régénération.

Le pays l'acclamera, soyez-en sûrs, avec confiance, comme la fin de ses maux et le seul moyen de conciliation entre la Liberté et l'Autorité.

En tête de ces lignes, nous avons mis une épigraphe, empruntée à saint Paul, qu'un de vos honorables et impétueux collègues, M. Langlois, voulait bien proclamer n'être pas un imbécile.

La vérité donne la liberté.

Depuis bientôt un siècle nous nous traînons dans les fictions, c'est-à-dire hors de la vérité.

Obligés par la force des choses à avoir des gouvernements, nous nous croyons affranchis et libres, parce que les auteurs de ces gouvernements d'aventure nous disent que le gouvernement c'est nous, qu'il n'y a d'autre souverain que le peuple, et autres mensonges de même espèce.

Grâce à ces flatteries ineptement crues, toutes les servitudes sont excusées.

Comme aux dernières années de l'empire romain, des gouvernants improvisés se succèdent, et, ébranlée par de perpétuels changements, la *chose publique*, la *République* va de mal en pire.

Disons enfin à un gouvernement fort :

Gouvernez ; mais laissez-nous libres.

Que le *gouvernement* soit *au Roi*, et l'*administration au pays.*

Versailles, 3 juin 1871.

Saint-Germain. — Imprimerie L. TOINON.

9 782012 989634